Hanns Sauter

Ich komme zu dir, Herr

Hanns Sauter

Ich komme zu dir, Herr

Gebete für ältere Menschen

Tyrolia-Verlag · Innsbruck-Wien

Nachhaltige Produktion ist uns ein Anliegen; wir möchten die Belastung unserer Mitwelt so gering wie möglich halten. Über unsere Druckereien garantieren wir ein hohes Maß an Umweltverträglichkeit: Wir lassen ausschließlich auf FSC®-Papieren aus verantwortungsvollen Quellen drucken, verwenden Farben auf Pflanzenölbasis und Klebestoffe ohne Lösungsmittel. Wir produzieren in Österreich und im nahen europäischen Ausland, auf Produktionen in Fernost verzichten wir ganz.

Mitglied der Verlagsgruppe „engagement“

2021

Umschlaggestaltung, Layout und digitale Gestaltung:
Tyrolia-Verlag unter Verwendung eines Bildes von Ju-Ju@istock
Druck und Bindung: FINIDR, Tschechien
ISBN 978-3-7022-3964-0
E-Mail: buchverlag@tyrolia.at
Internet: www.tyrolia-verlag.at

Inhalt

Ein Gedanke vorweg 8

1. In eigener Sache 13

Du kennst mich, Herr 15
Gib mir Mut 16
Herbstgedanken 18
I. R. – in Ruhe, Reich- und Riechweite 19
Ich werde älter 21
Innehalten im Herbst des Lebens 22
Jetzt habe ich Zeit für dich 23
Kostbares Alter 24
Einmal bin ich an der Reihe 26
Mein Lebensbuch 28
Fülle mir die Hände 30
Blick auf das Leben 34
Nach dem Tod des Partners, der Partnerin 35

2. Für andere 37

Dank für Menschen 39

Für alle, die in den Ruhestand treten 40

Für die Angehörigen eines verstorbenen Freundes 41

Für ein Enkelkind 42

Für junge Menschen 43

Für alle, die mich um etwas bitten 45

Segen über alle, die mich um etwas bitten 47

Gebet zu einem Ehejubiläum 48

Vor dem Fernseher 50

Segen über einen Kranken 52

Einen Rosenkranz für ... 53

Gedanken einer alten Wurzel 55

3. In Gemeinschaft 61

Dank für die Gemeinschaft der Senioren 63

Fürbitten bei einem besonderen Anlass 64

Gebet des Seniorenkreises 66

Geburtstagssegen 68

Zu Beginn eines jeden Tages der Woche 70

Segensbitte 77

Gemeinsames Segensgebet 78

Ernte und Dank 80

Für Kranke 82

Für Verstorbene 83

Mein Leben – wie eine Kerze 84

4. Gebetsideen 91

Ein Gedanke vorweg

Liebe Leserin, lieber Leser,

geht es Ihnen auch so? Wir Senioren – denn auch ich gehöre zu den älteren Menschen – verbringen viel Zeit damit, über uns selbst, unser Leben in Vergangenheit und Gegenwart sowie über unsere Zukunft nachzudenken. Dabei gehen die Gedanken oft bunt durcheinander. Sie schweifen von dem, auf das ich dankbar zurückschaue, über das, was immer noch offen ist, zu dem, was die Gegenwart von mir möchte und die Zukunft bringen könnte. Dieses Nachdenken geschieht oft in einem Gespräch mit Gott. Für mich ist es selbstverständlich geworden, mit ihm zusammen über mein Leben nachzudenken, mich bei ihm auszusprechen über alle Dinge, die mich bewegen, und die nächsten Schritte zu überlegen.

Was mir im Laufe des Lebens selbstverständlich geworden ist – mit Gott über mich und meine Gedanken zu sprechen –, entdecken andere gerade jetzt wieder oder auch ganz neu. Sie fragen sich vielleicht auch, ob es sich dabei wirklich um ein Gebet handelt, da sie doch eher vorgeformte Texte als „Gebet“ kennen. Die Antwort darauf ist für mich ein Satz, der einmal in einer Seniorengruppe gefallen ist: „Beten bedeutet für uns, mit Gott zu reden, weil wir glauben, dass er es gut mit uns meint." Gott, der es mit uns gut meint – dieser Satz könnte so in der Bibel stehen und zieht sich wie ein roter Faden durch dieses Buch. Weil Gott es mit mir gut meint, kann ich mich und mein Leben annehmen. Weil er es gut mit mir und mit uns meint, kann ich mit ihm auch über die vielen Dinge sprechen, die mich bewegen. Weil er es mit uns gut meint, können wir mit ihm über Menschen, Sorgen und Freuden sprechen, die uns ein Anliegen sind. Daher finden wir uns auch zusammen und bringen durch unser gemeinsames Gebet vielleicht auch andere auf den Gedanken, die Beziehung zu ihm aufzunehmen oder zu erneuern. Weil Gott es gut mit uns meint, werden sich sicher nicht alle unsere Wünsche erfüllen, doch wird sich „ein Weg finden" – wie man oft so schön sagt – und dieser Weg ist sicher der Weg, auf dem uns Gott begleitet.

Vielleicht sind die hier zusammengestellten Texte, in die nicht nur meine, sondern auch die Gedanken und Erfahrungen vieler anderer eingeflossen sind, eine Hilfe zu diesem Gott. Das wünscht

Ihr Hanns Sauter

In eigener Sache

1.

Du kennst mich, Herr

Du kennst mich, Herr,
und rufst mich beim Namen.
Genau das ist es,
was ich so überhaupt nicht verstehe.

Du hast mich zu etwas berufen,
wozu du keinen anderen berufen hast.
Deinen Ruf möchte ich ernst nehmen,
obwohl ich ihn oft nicht durchschaue.

Ich habe einen Platz
in deinem Plan mit den Menschen,
den kein anderer hat.
Lass mich diesen Platz einnehmen.

Lass mich erkennen,
was du jetzt von mir möchtest,
und nicht müde werden,
es auch zu tun.

Gib mir Mut

Mein Leben lang wurde mir eingetrichtert,
Anerkennung gäbe es nur durch Leistung,
daher wurde ich anders, als ich es wollte:
angepasster, perfekter, erfolgreicher.

Jetzt muss ich zwar nichts mehr leisten,
bin mir deshalb aber auch nicht klar darüber,
wer ich wirklich bin und
wie ich sein möchte.

Ich möchte gut sein,
kann es aber keinem recht machen,
möchte niemandem zur Last fallen
und bleib dabei auf der Strecke.

Die Sorge, Erwartungen nicht zu entsprechen,
verunsichert und lähmt mich,
der Panzer, mit dem ich Selbstsicherheit vorgebe,
ist Tarnung und Täuschung.

Meine Versuche, Kontakte zu knüpfen,
werden kaum beantwortet,
mein Bemühen, dazuzugehören,
findet keine Resonanz.

Gott, bei dir kann ich so sein,
wie ich bin.
Du liebst mich auch mit meinen
Mängeln und Einbrüchen.

Alle Menschen reifen ein Leben lang
durch Versuch, Irrtum und Bestätigung.
Hilf mir auf meinem Weg und stärke
meinen Mut, ICH zu werden!

Herbstgedanken

Lieber Gott,
nun erlebe ich den Herbst meines Lebens. Ich denke an die vergangenen Jahre und an alles, was meinem Leben Inhalt gegeben hat: mein Beruf, meine Beziehungen, meine Familie, Menschen, die mir guttun, meine Hobbys, Herausforderungen und Schwierigkeiten und vieles andere mehr.
Ich danke dir für alles, was geschehen und gewachsen ist: für die Ideen und Einfälle, durch die ich etwas gestalten konnte, für die Zeiten der Erholung und Ablenkung, wenn ich jemanden ein Stück begleiten oder durch eine Gefälligkeit oder mit einem guten Wort helfen konnte.
Wenn ich es genau betrachte, ist der Herbst voller Segen. Er lässt zurückblicken auf viele Jahre, schenkt Freude über Gelungenes, gibt die Sicht frei auf bisher Verstelltes, lässt einordnen und bewerten, was nicht gelungen ist. Er zeigt auch die Seiten des Lebens auf, die ich mir nicht wünsche, die aber zum Leben gehören. Ihnen auszuweichen mag aufs Erste verlockend sein, aber ehrlich und ein Zeichen menschlicher Reife ist es nicht.
Gib mir, bitte, die Kraft und den Mut, zu wachsen und zu reifen, und segne, was ich dazu tun kann.

I. R. – in Ruhe, Reich- und Riechweite

Lieber Gott,
ein großer Lebensabschnitt ist zu Ende gegangen. Das Arbeitsleben war fordernd, aber auch erfüllend, manchmal eintönig, dann wieder spannend. Nun bin ich „i. R.“: „im Ruhestand“. Da – so sagt man – hat man mehr Zeit für Dinge, die früher zu kurz gekommen sind. Aber ich muss feststellen, dass es auch noch andere „i. R’s“ gibt.

Meine Kinder freuen sich darüber, mich „in Reichweite“ zu wissen. Sie haben für mich immer etwas zu tun, was „nur der Opa so schön kann“. Auch die Enkelkinder wissen zu schätzen, wenn Opa und Oma für sie da sind. Der Zusammenhalt unserer Familie ist doch etwas Schönes.

Ja und dann gibt es immer wieder Menschen, für die ich offensichtlich „in Riechweite“ bin. Sie riechen geradezu, dass ich für dieses oder jenes ansprechbar bin, und fragen an, ob ich es nicht übernehmen möchte.

Lieber Gott, ich freue mich, wenn ich nun Zeit habe für Dinge, zu denen ich früher nicht gekommen bin. Ich freue mich auch, wenn man mich um Gefälligkeiten bittet oder Anliegen an mich richtet. Nicht zuletzt freue ich mich darüber, zu sehen, wie das Leben weitergeht.

Hilf mir, meine Kräfte realistisch einzusetzen. Bewahre mich davor, mich für unentbehrlich zu halten. Gib, dass ich immer das rechte Maß finde. Gib mir in allem die Gewissheit deiner Nähe. Unerwartet und unvorhergesehen kann alles ganz anders kommen – doch an dich kann ich mich halten. Erhalte in mir diese Gewissheit.

Ich werde älter

Lieber Gott,
es lässt sich nicht verbergen – ich werde älter. Vieles, was bisher kein Problem war, fällt mir nicht mehr so leicht. Immer öfter muss ich eine Pause einlegen oder jemanden bei Dingen um Hilfe bitten, die nie ein Problem waren. Was ich früher nebenher tun konnte, wird zum Tagesprogramm. Es fällt mir nicht leicht, damit zu leben, und ich gerate schnell an meine Grenzen.

Gib, dass ich nicht nur auf das schaue, was nicht mehr geht oder was vorbei ist, sondern auf das, was mein Leben jetzt ist oder sein kann, was dazu gehört, was es bereichert, was es fordert. Gib mir die Energie, die ich brauche, mit alldem umzugehen. Du schenkst – so heißt es – Zukunft und Hoffnung. Ich lasse mich gerne von dir beschenken!

Innehalten im Herbst des Lebens

Guter Gott,
ich schaue auf meine Lebensjahre
mit ihren schönen und ihren schweren Erfahrungen,
mit ihren hellen und ihren dunklen Wegstrecken.

Ehrlich und ohne falsche Rücksicht,
weder nachtragend noch beschönigend
soll dieser Blick sein.

Lass mich annehmen, was geworden ist,
mich freuen über die Früchte, die ich ernten kann,
und aus den schlechten die Konsequenzen ziehen.

Mein Weg ist noch nicht zu Ende.
Mit neuen Ideen und Plänen,
mit Vertrauen und Zuversicht gehe ich ihn weiter.

Jeder Tag, an dem ich unterwegs bin,
enthält ein besonderes Geschenk,
das du mir anvertraust …

Wie könnte ich dein Vertrauen enttäuschen!

Jetzt habe ich Zeit für dich

Lieber Gott,
kann ich mit dir einmal reden? Jetzt habe ich Zeit für dich. Früher hatte ich so viel um die Ohren, da blieb mir keine Zeit übrig. Nun ist es ruhiger geworden. Da erinnere ich mich daran, dass du einmal gesagt hast: „Ich bin da." Ich nehme dich jetzt beim Wort.

Immer deutlicher spüre ich, dass ich andere brauche. Früher konnte ich ja alles selbst erledigen. Glaubte ich jedenfalls. Jetzt aber schaut es anders aus. Ich bin ganz froh, wenn ich nicht alles tun muss oder mir jemand einen Gefallen tut. So geht es mir auch mit dir. Bisher konnte ich ganz gut Fragen aus dem Weg gehen, die „tiefere Dinge" berühren. Jetzt aber lassen sie sich einfach nicht verdrängen. Das beginnt damit, wie ich mir dich vorstellen kann, ob oder auf welche Weise du mein Leben beeinflusst oder meine Entscheidungen, ob es wirklich diesen roten Faden gibt, der mein Leben durchzieht und es schlüssig macht.

Lieber Gott, ich glaube, es ist besser, mich jetzt mit solchen Fragen zu beschäftigen und ihnen nicht mehr aus dem Weg zu gehen. Da habe ich aber eine Bitte: Gib mir Hinweise, wo oder wie ich Antworten darauf finde, und gib auch, dass ich diese erkenne und verstehe.

Kostbares Alter (zu 2 Kor 4,7)

Kostbar, mein Leben
kostbar, mein junges Leben
kostbar, mein altes Leben
kostbar, mein Leben gestern
kostbar, mein Leben heute
kostbar, mein Leben jetzt

Kostbar, mein Leben mit aller Freude
kostbar, mein Leben mit allem Leid
kostbar, mein Leben mit aller Trauer
kostbar, mein Leben mit allem Scheitern
kostbar, mein Leben mit allem Erreichten
kostbar, mein Leben mit allem Gelingen

Mein Leben,
Schatz im zerbrechlichen Gefäß,
Gott, sieh es an, wie es geworden ist
in all den Jahren!

Geformt von deinen Händen
geformt von den Händen derer,
die mich erzogen haben
geformt von den Händen derer,
die mich geprägt haben
geformt von den Händen derer,
die mich lieben

geformt von den Händen derer,
die mich hassen
geformt durch meine eigenen Hände

Sieh es an mit seiner Bemalung
sieh es an mit seinen Sprüngen
sieh es an mit seiner Standfestigkeit
sieh es an mit seinen Klebestellen
sieh es an mit seinen Besonderheiten
sieh es an mit seiner Einmaligkeit

Schau, o Gott, schau auf das Gefäß meines Lebens
schau und fülle es!

Fülle es mit deiner Freude
fülle es mit deiner Liebe
fülle es mit deinem Geist
fülle es mit deinem Vertrauen
fülle es mit deiner Geduld
fülle es mit deinem Leben

Erfülle mein Leben
lass es bleiben in deiner Liebe
erhalte es durch deine Liebe
vollende es in deiner Liebe

Gib, dass es deine Liebe erwidert!

Einmal bin ich an der Reihe

Lieber Gott,
es ist einfach so – ich werde älter.
Täglich sage ich es mir entweder selbst
oder ich werde darauf gestoßen.
Wieder ist jemand aus meinem Freundeskreis
verstorben.
Einmal – und ich weiß nicht wann –
bin ich an der Reihe.
Oft versuche ich mir vorzustellen,
wie das sein wird,
das Leben geht ja weiter:
der Verkehr fließt wie jeden Tag,
Kinder sind auf dem Schulweg,
Menschen gehen ihrer Arbeit nach,
der Bach, an dem ich so oft entlanggegangen bin,
plätschert wie immer,
aber ich bin nicht mehr da.

Sehe ich das alles dann mit anderen Augen?
Für viele, mit denen ich zusammen war,
ändert sich auch so manches.
Können sie mit der Lücke,
die ich hinterlasse, leben?
Wie geht es in ihrem Leben weiter?
Was wird alles auf sie zukommen?
Was bleibt mir erspart?

Fragen über Fragen beschäftigen mich
und keiner kann sie beantworten.

Es ist wieder mal wie so oft im Leben:
Ohne den Sprung in das kalte Wasser
geht nichts weiter.
Mehr als einmal habe ich ihn tun müssen,
dann springe ich eben noch ein letztes Mal.
Haben sich die Sprünge doch als sinnvoll
und zielführend erwiesen,
so dass auch dieser nicht falsch sein kann.
Auch das hab ich im Laufe des Lebens gelernt:
Eine große Kraft liegt im Vertrauen
und Vertrauen wirst du nicht enttäuschen!

Mein Lebensbuch

Herr, mein Gott,
vor dir liegt mein Leben wie ein aufgeschlagenes Buch. Blättere ich darin, lese ich von vielen Ereignissen. Manche machen mich froh und dankbar, andere sprechen von Sorgen, Not und Leid. Manchmal erkenne ich, dass du mich geführt hast und dass deine Hand mich gehalten hat, manchmal erkenne ich es aber nicht.

Auf manchen Seiten meines Lebensbuches lese ich, was ich Schönes erfahren durfte. Ich freue mich, dass sich manches Problem gelöst hat und ich viele unbeschwerte, glückliche Stunden erlebt habe. Manchmal konnte ich anderen Menschen weiterhelfen. Ich hoffe, dass sie dadurch auch dich spürten. Dankbar bin ich für die Menschen, denen ich vertrauen kann.

Andere Seiten meines Lebensbuches zeigen, dass ich von dem Weg, den du mir zeigst, immer wieder abgewichen bin. Zu oft habe ich mich nach der Meinung und der Erwartung anderer gerichtet als nach meinem Gewissen. Oft schaffe ich es einfach nicht, mich ganz dir zu überlassen.

Herr, mein Gott, für jede Seite meines Lebensbuches danke ich dir. Ich vertraue darauf, dass du mich weiterhin begleitest. Ich weiß, dass du mich nicht fallen lässt, sondern segnest. Nimm auch alle in deine Hände, die mit mir gehen, die mich schätzen und die sich an mir festhalten. Sei du unser aller Gott, heute und morgen und in alle Ewigkeit.

Fülle mir die Hände

Jeden Tag schaue ich dankbar auf meine Hände und bewundere sie. Was kann ich nicht alles mit ihnen:

Schreiben, Gemüse putzen, Klavierspielen, Blumen pflücken, mein Auto lenken, den Computer bedienen, malen, zupacken, den Fernseher einschalten ...

Mit ihnen kann ich auch: halten, loslassen, streicheln, schlagen, Tränen abwischen, winken, eine andere Hand fassen, eine Faust machen ...

Meine Hände – ich kann sie jemandem reichen oder entgegenstrecken, kann sie ineinander falten, in die Höhe halten oder in den Schoß legen ...

Mit meinen Händen kann ich Gemeinschaft, Vertrauen, Verbundenheit, Abwehr, Nähe, Distanz, Gebet ... ausdrücken und und und ...

Ein Leben ohne Hände oder ohne einen Handgriff zu tun kann ich mir nicht vorstellen. Überall, wo Menschen sind, geht es nicht ohne Hände. Auch in der Heiligen Schrift spielen sie eine große Rolle. Nicht nur unter den Menschen. Zu den grundlegenden Erfahrungen der Menschen mit Gott gehört: „Du hältst deine Hand über mir", oder „deine Hand hält mich fest".

Gottes Hand hält mich! Mir wird bei diesem Gedanken direkt bange. Gottes Hand hält mich fest!

Möchte er mir meinen Bewegungsraum nehmen? Mich etwa festnageln? Mir meine Freiheit rauben? Oder möchte er mich vor etwas bewahren? Mir Halt geben? Haben vielleicht „Hände“ und „Halt“ etwas miteinander zu tun? Ich denke zurück an meine Kindheit. Meine Mutter hat mir erzählt, dass ich gleich nach der Geburt in ihre Hände gelegt wurde. Ganz vorsichtig hat sie mich gehalten. Wenn mich mein Vater an seine Hand genommen hat, fühlte ich mich sicher. Meine Eltern haben mich gehalten. Das hat mir Sicherheit vermittelt. An der Hand meiner Eltern lernte ich gehen, meine eigenen Schritte setzen. Bei so manchen Spielen genoss ich es, von ihnen weg- und dann wieder auf sie zuzulaufen. Mit ausgebreiteten Armen haben sie mich aufgefangen. Ich konnte mich darauf verlassen, dass sie mich mit ihren Händen halten. Sollte ich doch einmal stolpern, dann streckten sie mir die Hände hin, so dass ich wieder aufstehen konnte. Ähnlich stelle ich mir Gottes Hand vor. Ich komme aus seiner Hand und falle wieder in seine Hand zurück. Dazwischen liegt mein Leben, meine Freiheit, meine Verantwortung.

Wenn es in der Bibel heißt, Gott hält seine Hand über einen Menschen, bedeutet das, dass Gott den Menschen segnet. Das deutsche Wort

„segnen“ ist die Übersetzung des lateinischen „signare“ – bezeichnen. Menschen signieren, bezeichnen, was ihnen gehört, mit ihrem Namen oder ihrem Stempel. Wenn Gott die Hand auf einen Menschen legt, heißt das: „Du gehörst zu mir“; mitgemeint ist: „Ich kümmere mich um dich“, „ich bin für dich da“, „du bist mir wichtig“, „du stehst unter meinem Schutz, wer dir etwas antut, muss mit mir rechnen!“ „Segen“ bedeutet also ein ganzes Bündel positiver Dinge: Fülle, Glück, Schutz, Erfüllung, Friede, Anerkennung ... Wer eng mit Gott verbunden ist, wird aber auch von diesem Segen Gottes, der auf ihm ruht, weitervermitteln. Auch schwache Hände können dies. Denn diese kann ich Gott immer hinhalten und ihn bitten:

Fülle mir die Hände,
dass ich ausstreuen kann
Samenkörner der Liebe.
Sie sollen leuchten
unter den Menschen,
die um mich sind.

Fülle mir die Hände,
dass ich ausstreuen kann
Samenkörner der Hoffnung.
Sie sollen wachsen

unter den Menschen,
damit Gutes entsteht.

Fülle mir die Hände,
dass ich ausstreuen kann
Samenkörner des Glaubens.
Sie sollen reifen
in den Menschen,
damit Hoffnung und Liebe blühen.

Gott, fülle mir die Hände,
damit ich ausstreuen kann.

Blick auf das Leben

Guter Gott!
Meine Lebensgeschichte steht mir vor Augen:
die schönen und die schweren Erfahrungen,
die hellen und die dunklen Wegstrecken.

Nachdenkpause

Lass mich ehrlich zurückschauen
auf alles, was in meinem Leben war.
Lass es mich annehmen, wie es geworden ist,
mich freuen über die Früchte, die ich ernten kann,
und die Konsequenzen aus denen ziehen,
die verfaulen.

Nachdenkpause

Gott, mein Leben geht aber weiter.
Mit Hoffnung und Zuversicht gehe ich den Weg,
der vor mir liegt.
Jeder Tag und jede Stunde sind kostbare Geschenke.
Ich will sie annehmen und schätzen
und dir danken für die vielen Möglichkeiten
und Chancen, die sie enthalten.

Nachdenkpause

Gott, geh mit mir – heute und morgen
und alle Tage!

Nach dem Tod des Partners, der Partnerin

Lieber Gott,
nun ist ... verstorben. Gerade hat ... noch gelebt, nun ist ... tot. Damit muss ich mich nun auseinandersetzen. Viele Gedanke und Gefühle steigen in mir auf. Welche immer es auch sind – in meinem Leben ist eine Lücke entstanden, mit der ich erst lernen muss, zu leben.

Nicht tot aber sind die Jahre, die wir zusammen verbracht haben, und die Beziehung, die uns verbunden hat. Bei allem Auf und Ab, von der sie geprägt war, sie hat über lange Zeit gehalten. Bis jetzt. In guten und in schlechten Tagen.

Lieber Gott,
jetzt brauche ich Zeit, um nachzudenken, zu trauern und zur Ruhe zu kommen. Alles, was ... mir bedeutet hat, möchte ich mit deiner Hilfe überdenken, dankbar sein für das Gute und Schöne, Fehlern und Schwächen ihren Platz geben, offen Gebliebenes dir empfehlen.

In deine Hände lege ich ... und unser gemeinsames Leben. Sei bei mir, wenn ich mein Leben nun neu ordnen muss, und gib, dass ich die Hilfe, die du mir dazu schickst, erkenne und annehme als den Segen, unter dem ich weiterhin gehe.

Für andere

2.

Dank für Menschen

Gott, ich danke dir für alle Menschen:

für die, die heute zu mir freundlich gewesen sind,
und für alle, die ich aufmuntern konnte.

Ich danke dir für alle, die ich lieb habe,
und für alle, die mich mögen.

Ich danke dir für alle, die gut mit mir auskommen,
und für die, die mir meine Fehler nicht nachtragen.

Ich danke dir für alle,
die heute für mich da gewesen sind,
und für alle, denen ich etwas Gutes tun konnte.

Ich danke dir für alle,
denen ich in Freundschaft verbunden bin,
und für alle, die immer wieder an mich denken.

Segne uns, damit wir einander
immer mehr schätzen,
und immer neu Wege zueinander finden,
damit wir einander Stütze und Hilfe sein können
und in dem Frieden leben, den nur du geben
kannst!

Für alle, die in den Ruhestand treten

Lieber Gott,
einige Zeit schon zähle ich zu den Pensionisten. Die Umstellung vom Arbeitsleben fiel mir nicht leicht und ich weiß, dass es anderen auch so geht – besonders, wenn sie ihr Beruf erfüllt hat oder wenn sie unerwartet in Pension geschickt wurden. Beide Situationen kann ich gut nachfühlen. Ich bitte dich für alle, die aus dem Berufsleben ausscheiden: Es möge ihnen gelingen, sich in die für sie neue Situation einzuleben! Sie mögen Vorstellungen entwickeln für die Zeit, die ihnen nun geschenkt ist. Sie ist zu schade, um in den Tag hineinzuleben oder sie gar totzuschlagen. Vielmehr bietet sie viele neue Chancen und Möglichkeiten, Aufgaben und Ziele. Ich bin mir sicher, dass auch die für sie passenden darunter sind. Gib, dass sie die Wege dazu finden und auch die richtige Balance zwischen eigenen Bedürfnissen und den Erwartungen und Wünschen anderer. Gib auch, dass sie den Mut haben, sich den Lebens- und Glaubensfragen zu stellen, die gerade jetzt auftauchen und sich nicht verdrängen lassen.

Begleite sie und begleite mich – heute und alle Tage bis in alle Ewigkeit.

Für die Angehörigen eines verstorbenen Freundes

Lieber Gott,
aus unserem Freundeskreis ist … verstorben. Viele Jahre hindurch waren wir einander eng verbunden und haben unser Leben miteinander geteilt. Sein Tod macht uns betroffen und nachdenklich.

Vor allem für seine nächsten Angehörigen bedeutet er eine Lücke, mit der sie nun leben müssen. Sie ist unwiderruflich und schmerzlich. Sei bei ihnen, wenn sie jetzt trauern und nach dem Ausschau halten, was sie jetzt brauchen und was ihnen guttut. Sei bei ihnen, wenn sie vor Kummer und Leid zu verzweifeln drohen. Gib uns die Kraft, für sie da zu sein, besonders dann, wenn sie beginnen, Schritte zu setzen, mit dieser Lücke zu leben.

Der Glaube an dich, dessen Liebe stärker ist als der Tod und der alle seine Geschöpfe in ein neues Leben ruft, gebe ihnen die Hoffnung auf ein Wiedersehen und stärke ihr Vertrauen und ihre Zuversicht – heute und für die kommende Zeit.

Für ein Enkelkind

Lieber Gott,
heute lege ich dir mein Enkelkind ans Herz. Immer wenn ich es nach längerer Zeit wieder sehe, bin ich besonders bewegt: Es ist größer geworden, hat sich verändert, etwas dazugelernt. Es ist eine Freude, zusammen mit ihm die Welt zu entdecken, und ich muss gestehen, dass ich auch dazulerne. Ich hoffe, dass es bei diesen Erkundungen auch dich kennen lernt, und bitte darum, dass ich die richtigen Worte finde, wenn es mit mir darüber sprechen möchte. Ich weiß, dass eine gute Beziehung zu dir der tragende Grund für das Leben ist. Eine solche wünsche ich ihm und möchte gerne das Meine dazutun. Segne uns beide! Guter Wille, Aufgeschlossenheit, Vertrauen und ein ehrliches Miteinander sollen uns immer verbinden.

Für junge Menschen

Für alle, die am Anfang ihres Lebens stehen:
Die noch nicht Geborenen und die kleinen Kinder
mögen in einer Welt aufwachsen,
die ihnen Lebens- und Entfaltungsraum ist
und die sie Gott, den Schöpfer aller, erahnen lässt.

Für alle größeren Kinder:
Sie mögen leben in einer Atmosphäre von
Liebe und Angenommen-Sein,
Menschen finden, die sie ins Leben begleiten
und denen sie immer vertrauen können.

Für alle Jugendlichen:
Es möge ihnen gelingen, ihren Weg zu finden,
den Platz in der Welt auszufüllen, der der ihre ist,
und Gott als Partner für ein erfülltes Leben
zu verstehen.

Für alle jungen Erwachsenen:
Es möge ihnen gelingen, sich eine Existenz
zu schaffen
und dabei die rechte Ausgewogenheit zu finden
zwischen Beruf, Engagement und
eigenen Bedürfnissen

sowie im Menschsein
und im Glauben zu wachsen.

Gott, dein Segen sei allen jungen Menschen
wie ein treuer Freund.
Er leite sie, stütze, helfe ihnen
und lenke sie bei allem, was sie denken und tun.

Für alle, die mich um etwas bitten

Herr,
immer wieder kommen Menschen zu mir. Sie suchen jemanden, dem sie vertrauen können, wollen sich aussprechen, bitten um Mithilfe, eine Idee, einen Rat … „Du hast doch schon so viel in deinem Leben erlebt“, meinen sie. „Was sagst du dazu?“ Manche Erwartungen kann ich erfüllen, ebenso viele andere sicher nicht. Ich freue mich, wenn ich etwas für sie tun kann, oft aber bin ich ebenso hilf- und ratlos wie sie. Da ist es gut, dass ich dich habe und dir alle anvertrauen kann – die, die mir sagen: „Bete bitte für mich“, und die, die es nicht sagen, es aber brauchen:

> meine Kinder und meine Enkelkinder,
> die Nachbarin, für die ich einkaufen gehe,
> meine Schulfreunde von früher
> mit ihren Anliegen,
> die Kinder von der Hausaufgabenhilfe,
> die Flüchtlinge vom Sprach-Café,
> die Klienten aus der Caritas-Sprechstunde,
> in der ich mitarbeite,
> die Bekannten aus dem Seniorenklub,
> die Pastoralassistentin, die immer anruft,
> wenn sie schnell jemanden braucht,
> die junge Mutter von gegenüber,

auf deren Kind ich ab und zu aufpasse,
der frühere Kollege,
der eine Operation vor sich hat ...

Gib ihnen, was für sie gut ist; zeig ihnen Wege und Menschen, die sie fördern und ihnen Halt sind, und nimm alle unter deinen Segen.

Segen über alle, die mich um etwas bitten

Der Herr segne dich
und das, was dir ein Anliegen ist.
Er behüte dich
und alle, die mit dir verbunden sind.
Er lasse sein Angesicht über dich leuchten
und mache deines zum Spiegel seines Lichtes.
Er sei dir gnädig
und gebe, dass deine Beziehung zu ihm wachse.
Der Herr wende sein Angesicht dir zu
und stärke deine guten Absichten.
Er schenke dir Frieden
mit dir, in deiner Umgebung und immer da,
wo du bist.

Der Herr segne dich
und mache dich zum Segen!

Gebet zu einem Ehejubiläum

Gott,
wir danken, dass wir zueinander gefunden haben und miteinander durch das Leben gehen. Wir danken, dass du mit uns gehst und uns auf unserem Weg begleitest.

Wir lernen unsere Stärken und Schwächen, unsere guten und unsere mühsamen Seiten immer mehr kennen, nehmen aber einander an und lieben einander, so wie wir sind.

Es ist einfach schön zu wissen, dass wir füreinander da sind und einander vertrauen können, dass wir aufeinander hören und uns korrigieren können.

Gib, dass wir immer wieder das Gespräch suchen und beizeiten besprechen, was uns bewegt, so dass sich nichts aufstauen kann, was unsere Beziehung belastet.

Schenke uns die Kraft anzunehmen, was uns das Leben schwer macht. Immer aber mögen Vertrauen und Freude überwiegen.

Wir wissen nicht, wie wir uns weiterentwickeln und was auf uns zukommt. Doch vertrauen wir, dass das, was wir vor dir begonnen haben, gelingt.

So sprechen wir uns jetzt einander die Worte zu, mit denen du zu segnen aufgetragen hast:

Der HERR segne dich und behüte dich. Der HERR lasse sein Angesicht über dir leuchten und sei dir gnädig. Der HERR wende dir sein Angesicht zu und schenke dir Frieden.

Vor dem Fernseher

Lieber Gott,
täglich sitze ich vor dem Fernseher und schaue die Nachrichtensendungen an. Das Aktuellste aus Politik und Wirtschaft, aus Wissenschaft und Kultur, aus Kirche und Gesellschaft prasselt nur so auf mich ein. Politiker geben Erklärungen ab, Pakte werden geschlossen, Prognosen abgegeben, Berichte über Katastrophen folgen dicht aufeinander, dazwischen werden Abkommen vereinbart. Manchem kann ich folgen, anderem zustimmen, vieles ist undurchschaubar, ärgerlich, für mich unverständlich. Ich denke da nur an den Klimawandel, an Kriegstreiber, Geschäftemacher, skrupellose Manager usw. Ab und zu kommt einmal eine gute Nachricht. Ist die Welt nur noch schlecht? War früher nicht alles einfacher, überschaubarer, menschlicher? Ich kann und will das nicht beurteilen. Sicher ist alles komplizierter geworden. Was ich kann ist, über das Weltgeschehen, meine Macht- und Ratlosigkeit über so vieles, was geschieht, mit dir sprechen. Du bist es doch, der die Welt geschaffen, sie den Menschen anvertraut und ihnen so viele Möglichkeiten gegeben hat. Ich denke mir, wenn alles aus dem Ruder läuft, dann müsstest du doch auf irgendeine Weise die Regie in der Hand haben!

So bitte ich dich für alle, die weitreichende Entscheidungen treffen müssen, für alle, die diese Entscheidungen ausführen, und für alle, die damit leben müssen. Ich bitte dich für die Völker, die einander bekriegen, für die Kriegsopfer, für die Menschen, die kein Dach über dem Kopf haben, für die, die in Forschung und Wissenschaft arbeiten, die für Unterhaltung und Abwechslung sorgen. Dann aber danke ich dir für die Vielen, die nicht in den Schlagzeilen erwähnt werden. Hier denke ich an die Organisationen und Initiativen um Gerechtigkeit und Menschlichkeit, die sich weltweit oder auf kleinem Raum um Frieden, Toleranz und Zusammenhalt einsetzen. Die Religionsführer, Künstler und Politiker, die Missstände aufzeigen, unermüdlich an Einsicht, Weitblick und Versöhnung appellieren. Für die vielen Menschen, die sich bis an den Rand ihrer Kräfte für das Gute engagieren. Warum wird auf sie weniger gehört als auf die anderen? Möchten nicht alle in Ruhe und Frieden sein? Möchten nicht alle, dass ihre Nachkommen in einer schönen, intakten Welt leben? Möchten wir nicht alle „gut" sein?

Lieber Gott, schau auf uns! Tu was! Und gib, dass alle das, was du tust, sehen, verstehen und daran mitarbeiten. Dein Reich komme!

Segen über einen Kranken

Gott,
ich bitte dich um deinen Segen für ...,
der krank ist und sich Sorgen macht.

Dein Segen stärke ihn in seiner Schwäche
und muntere ihn auf in seiner Verzagtheit,

er sei ihm Trost in seiner Verzweiflung
und Halt in seiner Unruhe,

er schenke ihm Gelassenheit in seiner Ungeduld
und sei ihm Hoffnung in seinen Ängsten,

er unterstütze seine Genesung
und gebe ihm die Gewissheit,

dass seine Sorgen bei dir in guten Händen sind,
und lasse ihn – was immer auch kommen mag –

mit Hoffnung und Zuversicht,
Glauben und Vertrauen an die Zukunft denken.

Einen Rosenkranz für ...

Neben den bekannten Rosenkranz-Gesätzen gibt es in Gebetbüchern auch zahlreiche andere Rosenkränze. Doch spricht auch nichts dagegen, für bestimmte Anliegen eigene zu formulieren. Hier einige Beispiele:

Wir beten für unsere Gruppe/Gemeinschaft:
... Jesus, der unsere Mitte ist
... Jesus, in dessen Namen wir beisammen sind
... Jesus, der uns in seinen Dienst ruft
... Jesus, der uns zusammenhält
... Jesus, an dem wir uns orientieren

Wir beten für unsere Pfarrgemeinde:
... Jesus, der mit uns geht
... Jesus, der für alle da ist
... Jesus, der alle Menschen ernst nimmt
... Jesus, der um unsere Anliegen weiß
... Jesus, der zufügt, was wir nicht können

Wir beten für Menschen in schwierigen Situationen:
... Jesus, der für alle da ist
... Jesus, der sich einsetzt
... Jesus, der Partei ergreift
... Jesus, der beisteht
... Jesus, der für alle betet

Wir beten für die Kranken:

... Jesus, zu dem die Kranken gebracht wurden
... Jesus, der den Kranken Hoffnung schenkt
... Jesus, der Kranke geheilt hat
... Jesus, der unsere Krankheiten mitträgt
... Jesus, der die Kranken segnet

Wir beten für die Kinder:

... Jesus, der als Kind in die Welt gekommen ist
... Jesus, der die Kinder ruft
... Jesus, der die Kinder ernst nimmt
... Jesus, der die Kinder liebt
... Jesus, der die Kinder segnet

Wir beten für die Probleme der Welt:

... Jesus, der das Licht der Welt ist
... Jesus, der gekommen ist, die Welt zu retten
... Jesus, der sein Leben für alle hingegeben hat
... Jesus, der alle an sich zieht
... Jesus, der den Frieden bringt

Wir beten für einen Verstorbenen:

... Jesus, dem wir für ... danken
... Jesus, dem wir ... empfehlen
... Jesus, der ... zu sich nimmt
... Jesus, der ... vergibt
... Jesus, der ... alles Gute lohnt

Gedanken einer alten Wurzel

Lieber Gott!
Ich muss mit dir reden! Was ich gerade erlebt habe, gibt mir zu denken. Ich weiß, ich bin alt. Aber das! Meinen Stamm konnten sie brauchen. Mich aber haben sie einfach liegen lassen. Ich bin für sie nur wertlos, nur Abfall.

Nöte

Sie wollen mit mir nichts zu tun haben. Ich bin nichts wert, bringe keinen Gewinn. Herr, schau wenigstens du auf mich und auf alle anderen, denen es auch so geht: alle, die schwach sind; alle, die unter den Vorgaben anderer zerbrechen; alle, die zu müde sind, um sich noch zu behaupten; alle, die ihre Grenzen erleben.

Besteht das Leben nur aus Gesundheit, Geld, attraktivem Aussehen, Macht? Meine Erfahrung ist, dass dies alles zerrinnt, dass das Leben auch andere Seiten hat: sich zurücknehmen müssen, mit Menschen leben, die man sich nicht ausgesucht hat, anderen Raum geben ... Möchten die Menschen, dass mit ihnen auch einmal so umgegangen wird, wie sie mich behandelt haben? Wer aber nimmt schon eine alte Wurzel ernst!

Herr, ich halte dir meine Arme entgegen. Hör wenigstens du mich! Nimm wenigstens du mich ernst! Gib, dass die Menschen ihren Irrtum einsehen und verstehen, dass das Leben viele Seiten hat, angenehme und andere!

Interesse

Während ich da liege, sind Kinder vorbeigekommen. Sie sind stehen geblieben und haben mich lange angeschaut. Ich glaube, sie haben sich wirklich Gedanken über mich gemacht. Wenn es die Kinder nicht gäbe, wer würde sich zu mir setzen und mir etwas erzählen? Wer würde mir zuhören? Wer fände mich interessant? Wer würde mich etwas fragen? Früher habe ich mich zu den Kindern gesetzt, ihnen Geschichten erzählt, mit ihnen gebetet und gewartet, bis sie eingeschlafen sind.

Mir kommt vor, die Kinder sind den Menschen auch nicht so viel wert. Dauernd höre ich, dass es zu wenige Kinder gibt. Da kann ich ein Erlebnis nicht vergessen: Einmal sind ein Mann und eine Frau vor meinem Stamm stehen geblieben und haben gestritten. Ihr Kind war nicht geplant und sollte weg. Die Kinder sind im Weg, die Alten sind im Weg. Dabei wird von beiden so viel erwartet! Die Kinder sollen einmal ... Die Alten könnten doch noch ...

Herr, es ist gut, dass du den Kindern die Gabe schenkst, Schlimmes schnell wieder zu vergessen, und den Alten die Gewissheit, dass sie auch etwas geleistet haben. Ob die Zeiten früher einfacher waren, mag ich nicht beurteilen. Doch gib, dass die Menschen aus ihnen lernen.

Botschaften

Mein Gott, wer legt fest, was schön ist und was nicht? Bin ich schön? Die vielen Jahre haben meine Arme ganz verbogen. Als ich jung war, wollte ich sie ganz gerade in die Erde wachsen lassen. Dann bin ich auf einen Stein gestoßen. Ich wollte nicht nachgeben, doch der Stein war stärker. Daraus habe ich gelernt: Schwierigkeiten kann man nicht immer mit Gewalt ausräumen. Oft kommt man mit Phantasie und Geduld weiter. Manchmal auch über Umwege. Mit den Steinen habe ich mich arrangiert. Statt zu versuchen, sie auf die Seite zu schieben, umklammere ich sie. Davon profitieren wir beide. Die Steine können bleiben, wo sie sind, und geben mir Halt. Soviel Halt, dass ich meinen Stamm tragen konnte.

Meine Arme haben dadurch eigenartige Formen angenommen. Sind sie deswegen hässlich? Manche sagen sogar, ich sei eine schöne Wurzel! Gebogene Arme können aber noch mehr. In ihnen sammelt sich Erde. Darin kann eine Blume wachsen oder ein Käfer wohnen.

Herr, ich bitte dich für die Alten. Sie sollen nicht behaupten, ihre Wege sind die einzig richtigen!

Ich bitte dich für die Jungen, dass sie neue, eigene Wege suchen, dass sie sich von Steinen, die im Weg liegen, nicht abschrecken lassen, dass sie die kleinen Dinge, die das Leben lebenswert machen, achten und schätzen. Sag du ihnen, dass das gut ist. Mir glauben sie ja doch nicht.

Erfahrungen

Herr, sie haben mir meinen Stamm genommen. Viele Jahre habe ich ihn gehalten. Wir waren miteinander verwachsen. Bei jedem Wetter habe ich ihm Halt gegeben. Dafür hat er mir erzählt, was er von seiner Höhe aus sieht: den Himmel, die Vögel, die Berge, die Sonne. Wir haben auch von der Härte eines langen Winters gesprochen. Du weißt, dass wir gerade da zusammengehalten haben. Jetzt haben sie uns getrennt.

Wissen die Menschen nicht mehr, wie kostbar es ist, miteinander zu leben? Sie reden von Liebe und von Treue, doch schon bei kleinen Problemen gehen sie auseinander. Sie reden von Gemeinschaft, doch wenn sie keine Vorteile mehr bringt, gehen sie sich aus dem Weg. Manchmal dachte ich mir auch, dass das Leben ohne Stamm einfacher sei. Ich bräuchte nicht teilen, nicht nachgeben, mich um niemanden kümmern. Doch ich hätte ohne ihn nicht leben können. Nur miteinander waren wir ein Baum.

Gott, ich träume davon, mit meinen Erfahrungen zu helfen, auf Dinge aufmerksam zu machen, die oft übersehen werden. Ich möchte zum Nachdenken anregen über das Leben mit seinen vielen Seiten und darüber, dass diese zusammengehören. Mit wem kann ich darüber sprechen, wenn nicht mit dir?

Dank

Danke, Gott, für die Älteren mit ihren Erfahrungen,
ohne diese könnte niemand leben.

Danke, Gott, für die Jüngeren mit ihren Fragen,
ohne diese bliebe alles beim Alten.

Danke, Gott, für die Umtriebigen,
ohne sie gäbe es kein Weiterkommen.

Danke, Gott, für die Zögernden,
ohne sie gäbe es unüberlegte Entscheidungen.

Danke, Gott, dass wir einander ergänzen,
denn es geht nicht ohne Miteinander.

Danke, Gott, dass du mit uns allen gehst!

In Gemeinschaft

Dank für die Gemeinschaft der Senioren

Lebendiger Gott!
Gerne treffen wir uns im Kreis der Senioren. Wir sind dankbar für diese Gemeinschaft, die füreinander da ist und Leben und Glauben sowie schöne und schwere Stunden miteinander teilt. Dabei wissen wir uns mit Jesus verbunden, der verheißen hat: „Wo zwei oder drei in meinem Namen versammelt sind, da bin ich unter ihnen.“ Seine Nähe hilft uns, uns mit allen unseren Verschiedenheiten, Stärken, Schwächen und Eigenarten zu verstehen und auszuhalten und einander mit Vertrauen, in Liebe, Geduld und Güte zu begegnen.

Weil Jesus für uns da ist und auf uns zugeht, können auch wir füreinander da sein. Weil er uns segnet, können auch wir zum Segen werden. So danken wir dir für alles, was du uns schenkst und durch unser Miteinander ermöglichst. Gib, dass unsere Gemeinschaft weiter ausstrahlt und ein Zeichen für deine Liebe zu uns Menschen ist.

Fürbitten bei einem besonderen Anlass

Seniorentag, Jubiläumsfeier, Tag der älteren Generation

Herr, unser Gott,
bei aller Freude und allem Dank für den heutigen Tag wollen wir die Menschen und ihre Anliegen nicht vergessen, die auf besondere Weise mit dem Älterwerden verbunden sind, und bitten dich:

für alle, die im Alter ihr Leben
und ihren Glauben neu entdecken
für alle, die mit ihrer Pensionierung
nach neuen Aufgaben suchen
für alle Kinder und Enkelkinder
für alle, die nur das sehen,
was ihnen im Leben nicht gelungen ist
für alle, die Zuneigung und Wertschätzung suchen
für alle, die in ihrer Familie Angehörige pflegen
für alle, denen das Leben im Alter zur Last wird
für alle, die sich vor dem Älterwerden fürchten
für alle, die sich um alte Menschen kümmern
für die Verstorbenen aus unserer Gemeinschaft
und alle Verstorbenen

Herr, unser Gott,
heute vertrauen wir dir uns und alle älteren Menschen mit ihren Anliegen besonders an. Schenke uns, was wir brauchen, und lass uns wachsen im Glauben, in der Hoffnung und in der Liebe. Darum bitten wir durch Christus, unseren Herrn. Amen.

Gebet des Seniorenkreises

Guter Gott!
Wir erinnern uns an alles,
was wir miteinander erlebt haben:
schöne und schwere Erfahrungen,
Zeiten des unbeschwerten Zusammenseins,
aber auch anstrengendere Wegstrecken.
Ein jeder von uns hat seine Geschichte
und unsere Gemeinschaft die ihre
und noch immer sind wir auf dem Weg.

Wir wollen der Wahrheit ins Auge schauen,
die Dinge so nehmen, wie sie sind,
nichts dramatisieren und nichts beschönigen,
dankbar sein für alles Gelungene,
aus Fehlern lernen,
zu dem stehen, was geworden ist,
und offen bleiben für Neues.

Schenke uns Zuversicht,
auf das zu schauen,
was jetzt vor uns liegt.
Jeder Tag, den wir erleben,
und jede Stunde,
die wir zusammen verbringen,
sind deine kostbaren Geschenke.

Gib, dass es uns weiterhin gelingt,
den Alltag miteinander zu teilen,
fröhlich zu feiern,
in schweren Stunden füreinander da zu sein,
den Blick auf andere nicht zu verlieren
und die Zeit, die uns geschenkt ist,
nach unseren Kräften zu nutzen.

Geburtstagssegen

Niemand weiß bei der Geburt, wie es in zwanzig oder vierzig, sechzig oder achtzig Jahren sein wird. Niemand weiß, was sie/er in diesen Jahren erlebt: was ihr/ihm Freude macht, woran sie/er leidet oder woran sie/er wächst.

Mit deinem Geburtstag hat Gott dir die Tür zu einem weiteren Lebensjahr geöffnet und dir neue Möglichkeiten geschenkt, die Welt in deiner Umgebung mitzugestalten. Dazu sei jetzt gesegnet:

Gott lasse seine Freundlichkeit über dir leuchten –
sie strahle auch aus deinem Gesicht.

Er halte seine Hand schützend über dir,
denn auch deine Hand möchte für andere da sein.

Er sei auf all deinen Wegen mit dir,
wie du mit denen gehst, die dir lieb sind.

Er schenke dir, was du zum Leben
und zur Gesundheit
für Leib und Seele brauchst.

Es möge dir gelingen, deine Kräfte so einzusetzen,
dass sie Freude, Hoffnung und Zuversicht
vermitteln.

Seine Liebe soll dich tragen,
und sein Erbarmen dich stützen.

An dir möge sich zeigen,
dass er der Gott ist, der für uns da ist.

Er schenke dir seinen Frieden
und Segen in Fülle.

Oder

Der Herr, unser Gott, segne dich,
er schenke dir Vertrauen in dein neues Lebensjahr
und begleite dich auf allen deinen Wegen.
Er stehe dir bei in schönen
wie in schweren Stunden
und bewahre dich vor Ängsten und Kleinmut.
Er erfülle und stärke deine Hoffnung
und deine Zuversicht
und sei mit dir bei allem,
was das neue Lebensjahr bringt.
Tagtäglich nehme er dich unter seinen Schutz
und lasse seinen Segen auf dir ruhen.

Zu Beginn eines jeden Tages der Woche

Morgengebet mit dem Lied „Lobet den Herren alle, die ihn ehren“ (GL 81)
Das Lied im Gotteslob (Text von Paul Gerhardt, 1653) hat sieben Strophen und eignet sich daher zu kurzen Morgenbetrachtungen bei einer Seniorenbildungs- oder Urlaubswoche.

Eröffnung (täglich)

Gott, unser Vater, Lob und Dank sei dir:
für die Ruhe der Nacht,
für diesen neuen Tag,
für deine Liebe, Güte und Treue.

Sonntag

Lobet den Herren alle, die ihn ehren;
lasst uns mit Freuden seinem Namen singen
und Preis und Dank zu seinem Altar bringen.
Lobet den Herren.

Wir kommen zusammen und beginnen diesen Tag
und diese Woche mit einem Loblied auf Gott.
Er ist bei uns und geht mit uns.
Wir vertrauen ihm die vor uns liegende Zeit an.
Sie möge uns als Gemeinschaft

zusammenwachsen lassen,
um viele neue Eindrücke bereichern,
frohe Stunden bescheren
und in der Erinnerung daran noch lange
Freude schenken.

Gott, schenk uns ein Herz,
das offen ist für dein Wirken!

Montag

Der unser Leben, das er uns gegeben,
in dieser Nacht so väterlich bedecket
und aus dem Schlaf uns fröhlich auferwecket.
Lobet den Herren.

Heute ist ein neuer Tag. Ich beginne neu.
Heute überwinde ich meine
Niedergeschlagenheit.
Heute schöpfe ich neuen Mut.
Heute vertraue ich mich neu Gott an.
Heute entschuldige ich mich für die Fehler
von gestern.
Heute gehe ich auf Menschen zu.
Heute setze ich mich für etwas ein.

Heute freue ich mich über die Natur.
Ich danke Gott, dass heute Heute ist.

Gott, lass uns die Chancen dieses Tages erkennen und nutzen!

Dienstag

Dass unsre Sinnen wir noch brauchen können
und Händ und Füße, Zung und Lippen regen,
das haben wir zu danken seinem Segen.
Lobet den Herren.

Gesegnet bin ich:
ich spüre meinen Atem,
ich fühle, dass mein Herz klopft,
ich kann meine Augen öffnen.
Gesegnet bin ich:
meine Arme und Beine können sich bewegen,
Energie erfüllt mich,
ich kann für heute einen Plan schmieden.
Gesegnet bin ich:
es ist jemand da, mit dem ich sprechen kann,
der mir seine Gedanken anvertraut oder
zu mir sagt: „Es ist schön, dass du da bist!"

Gott, wir wollen froh und dankbar sein für alles, was uns gelingt!

Mittwoch

O treuer Hüter, Brunnen aller Güter,
ach lass doch ferner über unser Leben
bei Tag und Nacht dein Huld und Güte schweben.
Lobet den Herren.

Wir beginnen diesen Tag im Wissen,
dass Gott uns liebt.
Wir leben diesen Tag in der Gewissheit,
dass Gott bei uns ist.
Wir wollen
in Wort und Tat dafür danken
und diesen Tag
beschließen in der Gewissheit,
dass Gott alles segnet und vollendet,
was er mit uns begonnen hat.

Gott, bei allem, was sein mag, lass uns überzeugt
sein von deiner Güte!

Donnerstag

Gib, dass wir heute, Herr, durch dein Geleite
auf unsern Wegen unverhindert gehen
und überall in deiner Gnade stehen.
Lobet den Herren.

Lass uns verstehen, dass du da bist
- jetzt und heute,
lass uns nicht vergessen,
dass du mit uns gehst
- jetzt und heute,
lass uns daran denken,
dass wir alles von dir erwarten dürfen
- jetzt und heute,
lass uns nicht müde werden in der Liebe
und im Vertrauen
- jetzt und heute.

Gott, mach uns bereit,
zu geben und anzunehmen!

Freitag

Treib unsern Willen, dein Wort zu erfüllen;
hilf uns gehorsam wirken deine Werke,
und wo wir schwach sind, da gib du uns Stärke.
Lobet den Herren.

Wenn uns der Mut fehlt
und die Zuversicht schwindet:
Gott, hilf!
Wenn unsere Hoffnung schwankt
und unser Glaube ins Wanken gerät:
Gott, hilf!

Wenn wir keine Worte mehr finden
und uns unsere Kräfte verlassen:
Gott, hilf!

Gott, wo wir sind, bist auch du!

Samstag

Herr, du wirst kommen und all deine Frommen,
die sich bekehren, gnädig dahin bringen,
da alle Engel ewig, ewig singen:
Lobet den Herren.

Gott, du lädst uns ein: Komm!
Deine ausgestreckte Hand sagt:
Fürchtet euch nicht!
In meiner Hand seid ihr geborgen
und immer gut aufgehoben.
Dieser Hand kann euch niemand entreißen. –
Gott, in deine Hand legen wir alles.
Nimm uns an deine Hand.
Halte uns in deiner Hand.
Durch deine Hand wird alles gut.

Gott, lass uns das Heute ernst nehmen und das Morgen aus deiner Hand erwarten!

Segenswort (täglich)

Es segne uns und alle, denen wir verbunden sind,
und den Tag, der vor uns liegt,
Gott, der alles zu einem guten Ende bringt:
der Vater,
der Sohn
und der Heilige Geist.

Segensbitte

Gottes Segen sei mit uns
und mit denen, für die wir hier beten.
Er sei mit denen, die uns nahestehen,
er sei mit denen, die sich um uns sorgen.
Er sei mit denen, die uns ermutigen,
er sei mit denen, die sich uns anvertrauen.

Gottes Segen bewirke
Friede und Freude,
Barmherzigkeit und Geduld,
Hoffnung und Zuversicht,
Vertrauen und Stärke,

heute und alle Tage und in alle Ewigkeit.

Gemeinsames Segensgebet

Gott,
bis hierher hast du unser Leben begleitet,
warst bei uns in allen Lebenslagen
und gehst auch weiterhin mit uns.

Segne uns und mach uns zum Segen!

Dein Segen stärkt und macht alle
zum Segen und zu deinen Boten,
die ihn empfangen.

Segne uns und mach uns zum Segen!

Lass uns Segen füreinander sein,
einander stützen und stärken
so, wie wir von dir gehalten sind.

Segne uns und mach uns zum Segen!

Dein Segen wandelt
Bedenken und Angst
in Zuversicht und Vertrauen.

Segne uns und mach uns zum Segen!

Dein Segen sei bei allen,
die uns nahestehen
und für die wir beten.

Segne uns und mach uns zum Segen!

Dein Segen lässt aufleben,
dein Segen schenkt Orientierung,
dein Segen bedeutet Zukunft.

Segne uns und mach uns zum Segen!

Unter deinem Segen lass uns gehen,
durch deinen Segen lass uns wachsen,
dein Segen vollende, was wir beginnen.

Ernte und Dank

Gott,
wir bringen dir die Früchte unseres Tuns,
die Früchte vom Baum unseres Lebens:
Wir danken für alles, was gewachsen ist,
was blühen und reifen konnte.
Wir bringen auch Samenkörner,
die nicht aufgegangen sind,
und Knospen,
die es nicht geschafft haben, aufzublühen,
und manchen Ast, der stark unter Unwettern
gelitten hat.

Nimm alles an, wie es geworden ist.
Wir legen in deine Hand zurück,
was du uns gegeben hast und das,
was wir daraus gemacht haben –
was mehr oder weniger
oder gar nicht gelungen ist.
Wir haben uns nach Kräften bemüht,
das Vertrauen, das du zu uns hast,
nicht zu enttäuschen.

Teile du mit uns die Freude über das Erreichte,
biege zurecht, was krumm und verbogen ist,
füge unseren Mühen hinzu, was noch fehlt,
und lass dein Licht weiter auf unseren Weg fallen.

Wir danken dir für alles, was du uns schenkst,
für alles Schöne, auf das wir schauen können,
und für alles, was wir mit deiner Unterstützung bewerkstelligen und bewirken,
und bitten um die Kraft,
auch einstecken und aushalten zu können.

Für Kranke

Gott, unser Vater!
Frau/Herr ... aus unserer Gemeinschaft ist krank.
Wir beten für sie/ihn: Sei ihr/ihm nahe!

Du bist die Kraft in ihrer/seiner Schwäche.
Du bist das Licht in ihrer/seiner Finsternis.
Du bist die Ruhe in ihrer/seiner Ruhelosigkeit.
Du bist der Halt in ihrer/seiner Angst.
Du bist die Hoffnung in ihrem/seinem Dunkel.
Du bist die Geduld in ihrer/seiner Unrast.
Du bist die Hilfe in ihrer/seiner Not.
Du bist das Erbarmen in ihrer/seiner Schuld.
Du bist der Friede in ihrer/seiner Unruhe.
Du bist die Zuversicht in ihrem/seinem Denken.

Gott, unser Vater!
Nimm unsere/n ... in deinen besonderen Schutz und hilf uns, in der rechten Weise für sie/ihn da zu sein. Steh ihr/ihm, aber auch allen bei, die um sie/ihn in Sorge sind, und beschenke uns alle mit deinem Segen. Amen.

Für Verstorbene

Herr,
wir denken an unsere(n) Verstorbene(n) ...
Ihr (sein) Tod geht uns nahe.
Wir wissen, dass zu unserem Leben
auch das Sterben gehört.
Trotzdem trifft es uns immer wieder,
wenn du jemanden aus unserer Mitte rufst.

Unser(e) ... fehlt in unserer Gemeinschaft.
Wir wissen sie (ihn) aber in deiner Hand
und in der Gemeinschaft mit dir.
Dies tröstet und hilft uns auch beim Gedanken
an unseren eigenen Tod.

Oft haben wir erfahren,
dass du in schwierigen Situationen da bist.
Daher vertrauen wir auch jetzt auf deine Nähe.
Nimm unsere(n) Verstorbene(n) in deine Hände
und führe uns alle auf dem Weg zu dir.

Sei und bleibe bei uns,
heute und alle Tage
und in alle Ewigkeit.

Mein Leben – wie eine Kerze

Ich halte in meiner Hand eine Kerze.
Was ist eine Kerze? Ein Stück Wachs mit einem Docht. Der Docht macht das Wachs zur Kerze. Von diesem Docht sehen wir nur ein kurzes Stück, das längere ist verborgen. Gäbe es ihn nicht, hätten wir hier keine Kerze, sondern nur einen Klumpen Wachs.

Ähnlich verhält es sich mit dem Menschen. Wir sehen seinen Körper, wissen aber, dass der Körper nicht allein den Menschen ausmacht. Zum Menschen gehören Körper und Geist. Unter Geist verstehen wir alles, was den einen Menschen vom anderen unterscheidet. Dieser Geist ist unsichtbar, wie der im Wachs verborgene Teil des Dochtes, doch ohne ihn wäre der Mensch nicht Mensch, wäre er keine einzigartige Person.

Ich zünde die Kerze an.
Durch die Flamme wird das Wachs flüssig und schmilzt. Die Kerze brennt und dabei entstehen Wärme und Licht. Substanz verwandelt sich in Funktion. Eine Kerze, die nicht brennt, ist eine nutzlose Kerze. Je mehr die Kerze heruntergebrannt ist, umso mehr hat sie ihre Funktion erfüllt. Niemand kann bestreiten, dass die Kerze gebrannt und dabei Licht und Wärme verbreitet hat.

Ähnlich ist es beim Menschen. Im Laufe seines Lebens verbraucht er seine Kräfte. Ist aber das, was er getan hat, deshalb auch verloren? Was wir beim „Herunterbrennen" unseres Lebens getan, erlebt, erlitten haben, bleibt. Niemand kann es wegdiskutieren. Auch wenn wir jetzt vieles nicht mehr können: Was wir getan haben, bleibt.

Ich blase die Kerze aus und versuche,
sie zu zerbrechen.
Dies geht nicht so einfach, denn der Docht hält beide Teile zusammen.

Ähnlich ist es beim Menschen. In jedem Menschenleben gibt es Einbrüche, Kränkungen, Verhärtungen, Schwachstellen. Dennoch bleibt unser Leben eine Einheit. Auch der verletzte Mensch ist ein Mensch. Wie der Docht die Teile der Kerze zusammenhält, gibt es auch etwas, das den Menschen zusammenhält und das unzerstörbar ist.

Wenn die Kerze wieder auf dem Teller steht, lässt sich die Bruchstelle zwar nicht verbergen, doch die Kerze steht wieder. Ich kann sie wieder anzünden. Die zerbrochene, wacklige Kerze leuchtet! Trotz ihrer Verletzung, trotz ihrer Bruchstelle erfüllt sie ihren Sinn.

Ähnlich ist es beim Menschen. Sein Leben hat auch dann Sinn, wenn der Körper schwach wird, wenn er eine Gehhilfe oder einen Rollstuhl braucht oder auf Unterstützung durch andere Menschen angewiesen ist. Niemand kann bestreiten, dass man auch mit Narben leben kann oder dass der Mensch, der Hilfe braucht, kein Mensch ist.

Ich stelle nun die Kerze in einen anderen Raum.
Jetzt ist es hier dunkel. Wer hereinkommt, weiß nichts von der Kerze und dem Licht, das sie verbreitet hat. Das ändert aber nichts daran, dass die Kerze hier geleuchtet und ihren Sinn erfüllt hat. Jetzt steht sie woanders und leuchtet dort weiter. Es spielt keine Rolle, ob sie jemand leuchten sieht oder nicht, entscheidend ist, dass sie es tut und ihren Sinn erfüllt.
Ähnlich ist es mit uns. Auch wenn uns niemand mehr kennt, wenn sich keiner mehr an uns erinnert – unser Leben und unser Tun kann niemand in Frage stellen und ihm seinen Sinn absprechen. Wir bleiben und was wir getan haben, bleibt.

Wie eine Kerze

Manchmal stehe ich im Mittelpunkt
wie eine große Kerze.
Manchmal werde ich bewundert
wie ein kunstvoll verziertes Licht.

Meistens aber bin ich wie eine ganz
gewöhnliche Haushaltskerze, die ihren Dienst
dort tut, wo sie gerade steht.

Manchmal fühle ich mich wie eine kleine Kerze,
die gerade noch verwendet wird.
Manchmal fühle ich mich wie ein Teelicht,
das irgendwo am Rand vor sich hin brennt.

Doch wenn mein Licht nicht da ist, fehlt etwas.

Manchmal brenne ich stetig und ruhig.
Manchmal kann ich mich gerade
noch gegen Zugluft behaupten.

Von Zeit zu Zeit kann ich von meinem
Licht weitergeben.

Manchmal flackere ich nur so vor mich hin.
Manchmal hat mein Licht keine Chance,
durchzudringen.

Öfters wird mein Leuchten übersehen.

Manchmal wird mein Licht wahrgenommen,
wo ich es nicht vermutet hätte.
Manchmal höre ich sogar:
Da brennt ein schönes Licht!

Jesus, du sagst es ein für alle Mal
und zu allen Kerzen:

„Ihr seid das Licht der Welt,
lasst euer Licht leuchten!“

Gebets-
ideen

4.

- Nachbarn kommen regelmäßig zum gemeinsamen Rosenkranz zusammen. Jeder bringt auf einem Zettel seine Gebetsanliegen mit. Die Zettel werden vorgelesen, in einer Schachtel gesammelt und während des Gebets in die Mitte gestellt, nach dem Gebet bis zum nächsten Treffen aufgehoben und dann aktualisiert. – Auch Einzelpersonen können für ihr Gebet einen solchen Zettelkasten anlegen!

- Eine Kerze (LED-Licht) anzünden und mit einem Dank- oder Bittgebet ans Fenster stellen.

- Eine Gruppe, die nicht zusammentreffen kann, legt einen Zeitpunkt zum gemeinsamen Gebet fest. Jeder betet so für sich und doch in Gemeinschaft.

- Senioren treffen sich wöchentlich zum Gebet in der Kirche. Die Anliegen werden dem dort aufliegenden Fürbittbuch entnommen. Im Anschluss bleibt die Gruppe noch zum Austausch zusammen.

- In einer Pfarre gibt es den „Gebetsruf". Eine Gruppe trifft sich zu einem bestimmten Zeitpunkt, der durch herkömmliche oder soziale Medien, durch Plakat oder Handzettel bekannt gemacht wird, und ist während dieser Zeit telefonisch erreichbar. Wer möchte, dass in einem Anliegen gebetet wird, ruft dort an.

- Der Seniorennachmittag beginnt oder endet mit „einer Viertelstunde vor dem Allerheiligsten".

- Der Seniorenkreis gestaltet für die Erstkommunionkinder bzw. die Firmkandidaten und -kandidatinnen ein Gebetbuch. Jede/Jeder schreibt ein Gebet, ein Segenswort, einen Bibelvers ... auf ein Blatt Papier, diese werden für alle kopiert und zusammengebunden, so dass jedes Kind bzw. jeder und jede Jugendliche ein Heft erhält.

- Mehrmals im Jahr kümmert sich der Seniorenkreis um die Gestaltung der Sonntagsmesse.

- Der Seniorenkreis stellt sich sein eigenes Gebetbuch zusammen. Dazu gibt es ein Ringbuch, für das jemand verantwortlich ist. Wer ein Gebet mit den anderen teilen möchte, gibt es dem bzw. der für das Gebetbuch Verantwortlichen, der/die es einheftet. Die Gebete sind nach Themen geordnet und werden anlassbezogen verwendet.

- Eine Gebetsbiografie erstellen ist sowohl für den Einzelnen als auch für eine Gruppe interessant. Anhaltspunkte: Kindergebete, die Gebete im Gottesdienst, Gebetbücher, Zeiten, in denen das Gebet eingeschlafen ist, und Zeiten, in denen Not beten lehrte, Beten mit den Kindern, mit den Enkelkindern, Beten in der Familie, Anlässe, zu denen in der Familie miteinander gebetet wurde, Ihr Gebetsleben heute. Was fällt jetzt auf? Gibt es einen roten Faden? Was hat sich in Ihrem Gebetsleben im Lauf der Zeit geändert? Was ist gleich geblieben? Woran möchten Sie festhalten? Gebet ist für mich ...

Die Anregungen wurden in Seniorenclubs und Pfarren der Erzdiözese Wien gesammelt.

Der Autor

Hanns Sauter, geb. 1951 in Würzburg, lebt in Wien und Horn/Niederösterreich. Nach dem Studium der Theologie in Würzburg, Wien und Freiburg im Breisgau war er in der Erzdiözese Wien von 1982 bis 2017 tätig, davon über 30 Jahre im Fachbereich Seniorenpastoral. Er ist Autor zahlreicher Bücher zu liturgischen Themen und Mitarbeiter bei theologischen Fachzeitschriften.